CIVILITÉ PUÉRILE ET MORALE.

POUR instruire les Enfans, à se bien comporter, tant envers Dieu, que le Prochain: par des Figures Exemplaires sur plusieurs defauts & accidens qui leurs arrivent.

Très-utile pour porter à l'Ecole, afin d'y aprendre à bien vivre & lire, soit en Latin ou en François.

A DIJON,
Chez C. MICHARD Impr. & Marchand Libraire à St. Jean l'Evangéliste.

AVERTISSEMENT.

ON ne doit enseigner l'Enfant, suivant l'opinion d'Hésiode, avant l'âge de sept ans : Quintilien dit qu'on peut l'instruire plûtôt, & qu'il ne faut pas le travailler, mais se conformer à sa volonté, lui donnant une infinité de loüanges, l'invitant à l'étude par le moyen de quelques prix ou gages qu'on lui proposera, & lui faisant prononcer chose qui lui soit plaisante & agréable.

On ne doit toutes fois régler les Enfans à une même forme, n'étant tous de même naturel ; & dit fort bien Platon en sa République, qu'aucuns en leur naissance sont composés d'or, & d'autres d'argent, les autres d'airain & de fer. L'or signifie qu'ils sont magnanimes & impérieux de nature, ausquels il veut qu'on donne les Magistratures & dignités sans avoir égard à leur race. Par l'argent, nous est representé le naturel d'un homme modeste, courtois & affable, propre pour aider & soulager ceux qui ont les Charges publiques. L'airain & le fer dénotent la simplesse & trop grand bonté, laquelle fait que telles gens n'affectent aucuns honeurs ni prééminence, mais s'adonnent au travail.

Or, quoique le naturel prouve beaucoup en nous, si est-ce qu'il est possible de corriger l'inclination mauvaise de l'Enfant, par le moyen de l'instruction qu'on lui donne du commencement : & comme dit Aristote, l'esprit à nôtre naissance, est comme une table d'attente, en laquelle on imprime ce qu'on veut. C'est pourquoy il faut que le Pere instruisant son Enfant, remarque ses déportemens : s'il le connoît hautin, il doit s'arréter aux Figures de ce present livre, où l'on étrille les mauvais Garçons, lui faisant quelques petites remontrances sur icelles, afin de réprimer son audace.

Et l'Enfant gracieux & courtois, on le doit maintenir en son bon naturel, lui proposant les loüanges qu'on donne à ceux de sa sorte. Dieu par sa grace, les fasse prospérer à la gloire de son Saint Nom, & pour le salut de leurs Ames. Ainsi soit-il.

Saint ESPRIT
illuminés nous.

ORAISON

Qu'on fera dire à l'Enfant, outre ses Priéres ordinaires, avant que de l'Enseigner.

MON DIEU, qui m'avez crée, favorisez moi, s'il vous plaît, au tems de ma plus tendre jeunesse. Le chemin qu'il me convient faire est fort douteux, & tres incertain: Montrez-moi, mon Dieu, vos sentiers, & éclairez mon entendement par les Lumiéres de vôtre Saint Esprit; me faisant cette grace, qu'avec l'accroissement d'âge, j'augmente aussi en vertu & sçavoir, & que le tout soit à vôtre gloire & honeur, & au salut de mon Ame. Ainsi soit-il.

Les Avis Notables des ſept Sages de Grêce, ſont comme autant de ſentimens qui doivent ſervir d'exemples.

De tout ton cœur, & de tout ton ame
Honore Dieu, & ſouvent le réclame.
Garde-toy bien de jurer fauſſement,
Et de lever la main légérement.
Les tiens Parens ſur tous dois honorer,
Aymer, nourir, ſervir & révérer
Ne débat point contre tes Pere & Mere,
Quoi que de droit tu le puiſſe bien faire.
Gagner tu dois avec la patience,
Les tiens Parens, leur portant révérence.
De tes Enfans attends la même chére,
Que tu auras faite à tes Pere & Mere.
Aux Vieux, qui ont des choſes la ſcience,
Tu dois porter honneur & révérence.
Inſtruit trés-bien tes Enfans de jeuneſſe,
Pour leur donner ſapience & adreſſe.
Des Magiſtrats qui ont prééminance,
Par deſſus toy, craint la puiſſance.
Sois à chacun affable & gratieux,
Montrant toûjours un viſage joyeux.
S'il eſt beſoin de la mort encourir,
Pour ton païs, déſire de mourir.
Le bien d'autrui convoiter tu ne dois:

Faut obſerver & maintenir les Loix.
Tu dois ſur-tout garder ta renommée,
Car la perdant tu n'eſt plus que fumée.
En tes propos ne ſois point variable,
Ainſi ſois toûjours, à toi-même, ſemblable.
Ouïr beaucoup & peu parler convient :
De ces deux points, grand profit nous revient.
Repos d'eſprit, & la tranquilité,
Aoportent au Corps beaucoup d'utilité.
Au bien d'autrui, à l'honeur, à la vie,
Ni à ſes faits ne porte point d'envie.
Toi qui jouïs d'un état bien-heureux,
Ne ſois mocqueur du Pauvre mal-heureux.
Pour ce qui eſt mortel & tranſitoire,
N'éleve point ton cœur en vaine gloire.
Connois toi-même, en conſidérant, comme
Tu eſt mortel, & n'eſt rien que de l'Homme.
Si tu te veux gouverner ſagement,
Les Gens de bien fréquente inceſſamment.
En te gardant des choſes des-honêtes,
Approuve & ſuit tout ce qui eſt honête.
Vertu fleurit par immortelle gloire :
Mais le plaiſir eſt bref & tranſitoire.
Si tu eſt beau & d'élégante forme,
Fais ce qui eſt à la beauté conforme.
Si tu n'eſt beau de viſage, il te faut
Par bonnes mœurs relever ce defaut.
Sois tempéré, & avec prudence,
Retiens le cours de ta concupiſcence.
Le tems perdu jamais ne ſe recouvre :
Tu le dois donc employer en bonne œuvre.
Sans être ingrat de parole ou de fait,
Rends la pareille à ceux qui t'ont bien fait.
A tes Amis, ſois en l'adverſité,
Tel que du tems de leur proſpérité.

Pour n'encourir ni blâme, ni dommage ;
Prend un conseil bien avisé & sage.
Ne dis jamais avoir Amis trouvé,
Qu'auparavant tu ne l'aye éprouvé.
Ce que ne veux contre toi être fait,
Ne le met point contre autrui en effet.
En te montrant vertueux, & bien sage,
Au mauvais tems, ne perd cœur, ni courage.

FIN.

Ecce Homo.

Saint FIACRE
ſoyez nous propice

LE RECTEUR.

Mon fils, jusqu'au Cercucil, faut aprendre
Et tenir pour perdu le jour qui s'est passé,
Si tu n'y a de quelque chose profité,
Pour plus sage & sçavant te rendre.

Commence à faire attention sur ce qui est ici Representé par les NOMS & FIGURES de Fleurs, d'un Chien, de la Femme, d'un Homme, &c. *continuë d'observer, ce qui suit, afin d'en faire ton profit.*

Le Maître d'Ecole, perd souvent son tems, d'Enseigner les Paresseux & Négligens.

LE RECTEUR.

Loüions, en adorant
D'une Ame pure & monde,
Le Grand Dieu Tout-Puissant
Qui gouverne tout le Monde.

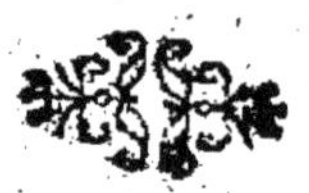

Les Roys, Princes & Seigneurs
Lui sont obeïssance,
Implorans les faveurs
De sa Divine Essence.

Gloire & honeur ſoit à Dieu ſeul.

Nous devons adorer, louër, & prier Dieu, à l'imitation, même, de nôtre Seigneur Jeſus-Chriſt étant au Jardin des Olives.

C'eſt le Roy des Roys, & le Seigneur des Seigneurs.

Le Recteur.

Prier Dieu nous devons,
Le matin, & le ſoir,
Remercier ſes dons,
Et faire ſon vouloir.

Il faut dreſſer ſon cœur
A Dieu, Roy Tout Puiſſant,
Implorant ſa faveur,
Son ſaint nom beniſſant.

Prie Dieu.

Il faut tous les jours prier Dieu, le soir comme le matin, & pour bien faire encore, assister aux Processions. Heureux qui est en la grace de Dieu!

Le Recteur.

Icy ce Sang versé pour le Salut des Hommes,
Sans nuage est visible à tous tant que nous sommes !
Icy l'effort du tems qui de tout voit la fin
Respecte un Dieu caché sous l'Espéce du Pain,
Et nous prouve qu'il est Homme & Dieu tout ensemble:
Examinés de prés ce prodige E'clatant,
Et si c'est lui qui vous rassemble
Cessez d'avoir l'esprit flottant,
Et n'adorez que l'Estre auteur de ces merveilles;
Abandonnés ces Dieux sans yeux, & sans oreilles;
Et quittant sans retour le mensonge & l'erreur,
Témoins de la Vérité même,
Pour ce Dieu la bonté suprême
Ayez du Séraphin le respect, & l'ardeur.

SANCTUARIUM MEUM METUITE
ego Dominus. Levit. 19.

HOC MEMORIALE MEUM

IN GENERATIONEM

ET GENERATIONEM *Exo 3.*

Le Recteur.

Pere & Mére honorez,
Puiſque Dieu vous le dit,
Si vous le revérez,
Vous vivrez en crédit.

Au contraire, tous ceux
Qui les mépriſeront,
Finiront malheureux,
Et jamais bien n'auront.

Saluër nous devons,
En toutes occurrences,
Les Vieillards que voyons,
Faiſant la révérence.

Non les Vieux, ſeulement,
Gens agés plus que toy,
Tu dois certainement
Saluër, c'eſt la Loy.

Aime & chérit ton Pere & ta Mere & saluë volontiers un chacun.

Il faut aimer, chérir & honorer Pére

& Mére; de même qu'à saluër & porter honeur à plus Vieux que nous; & par reconnoissance d'avoir suporté nôtre Enfance, il faut aussi les soula- & assister dans leurs Vieillesses.

Le Recteur.

Il faut avoir pitié
Des Pauvres misérables,
Leur donnant d'amitié
L'aumône charitable.

Celui qui de son bien,
Aux Pauvres ne fait part,
Est pire, qu'un Chien,
Qu'un Tigre, ou Leopart.

Fait du bien aux gens de Bien.

Il faut avoir pitié des Pauvres & leur donner l'Aumône.

Un peu de bien, en fait un grand, sur-tout aux Pauvres ; le bien fait n'est jamais perdu : il faut donc les assister, car à l'œil nous pend leurs miséres.

Le Recteur.

Menteur ne faut être,
Ny Jureur blasphémant,
Propos ne devons mettre,
Que bien dits en avant.
Quand on parle des Mœurs,
On tient pour véritable,
Que Jureurs & Menteurs,
Sont Enfans du Diable.
Fraper ne faut personne
Ny battre aucunement:
Qui à fraper s'adonne,
Meurt misérablement.
Un Loup, l'autre ne mange,
Ny le déchire au Bois,
Faut-il que la Créature change
De nature les Loix.
Le Larron détestable,
Faut de Cordes lier,
Tu le vois misérable,
Embrassant ce Pillier.
Il vaut mieux y pourvoir,
Et ne lui laisser Peau,
Plûtôt qu'un jour le voir
Pendre par un Bourreau.

Vis ne existimationem retinere, non mentiri debes, nec abs re irasci, sed iracondiam temperare & aliena non subripere.

Pour conserver une bonne réputation, il ne faut point Mentir, ni se fâcher sans sujet, & ne point prendre le bien d'autrui.

Il ne faut être Menteur, Jureur, ni Larron, & ne fraper personne, car autrement, on se met en danger d'être repris & châtié sévérement.

L'on ne croit plus un Menteur, quand même il diroit vérité, & l'on n'a point de compassion de ceux qui ont battus les autres, non plus que des Larrons.

Le Recteur.

Pareſſeux ne faut être,
Mais faut te maintenir
Toûjours gentil & d'extre,
Si tu veus parvenir.

Le Pareſſeux
S'adonnant à rien faire
A tous eſt odieux,
Et ne fait que déplaire.

Sois ſoigneux en tes affaires.

Pour ſe faire aimer,

il ne faut être Pareſſeux, mais faire librement tout ce qu'on vous commande.

Comme l'on s'accoutume on demeure. Les Pareſſeux & fainéans ſe font haïr d'un chacun, les gentils au contraire ſe font aimer de tous.

E

Le Recteur.

Faut aporter des Plats,
Quand la Mére en demande,
A l'heure du Repas,
Pour y mettre de la Viande.

Le beau petit Poupon,
Qui obéit à sa Mére,
C'est mon petit Garçon,
Je l'aime, dit le Pére.

Parentes patientiâ vince.

Gagne tes Parens par patience.

LES ENFANS

Obeiſſans s'occupent en toutes choſes diligemment, & ne demeurent oiſifs, car l'obéiſſance eſt tres recommandable.

Il faut aporter des Plats & Aſſiettes ſur Table, quand on voit qu'il en faut & ſans ſe le faire commander.

Le Recteur.

Prier Dieu nous devons,
En le remerciant,
A l'heure que dînons,
Comme aussi en soûpant.

Il est bien raisonnable,
Loüons-le : Pour certain,
Les Biens qui sont sur Table,
Proviennent de sa Main.

Souviens-toy du plaisir que tu as reçû d'autrui.

C'est le moins que l'on puisse faire, que de rendre grace à

Dieu à toute heure, des biens qu'il nous fait continuellement, sur tout avant & aprés chaque Repas.

Le Recteur.

Si ta Mére te dit
De tourner la Broche,
Fais-le ſans contredit,
Pour éviter reproche.

Friand point ne ſeras,
Ny Gourmand, ny Yvrogne,
La Pareſſe auſſi fuiras,
Qui te cauſent vergogne.

Verecundiam serva.

Garde ton honeur & chasteté.

Il faut tourner la Broche & faire bouillir le Pot, quand la Mére le

commande, ou que l'on voit qu'il est nécessaire, & ne point être Chaton, Gourmand, Yvrogne, ny Paresseux

Le Recteur.

Voyez un petit Enfant,
Qui a les Jambes rompuës,
D'un Chariot passant,
En courant par les Ruës.

L'autre a les Dents froissées,
Qui lui font grand mal,
Il les a eu cassées
Aprochant un Cheval.

Sois diſcret en tes affaires.

Regardez ces Enfans déſobéiſſants, l'un qui a la Jambe rompuë d'un Chariot,

& l'autre les Dents caſſées d'un coup de pied de Cheval.

Ils ne courreront plus, & ſi des deux on n'en pourroit faire un bon.

F

Le Recteur.

Voyez ces petits Coquins,
Tous Ladres & Puants,
Enflés comme des Bouquins,
En la fleur de leur ans.

Par Gourmandise

L'un but Ancre & Vignaigre,
L'autre Epingles rongeoit,
Et l'autre eut la face maigre,
Quoique de manger crevoit.

La Débauche cauſe bien des maux.

Trois Débauchés devinrent Ladres & Vilains, de faire des excez, de tant boire & manger

qu'ils en ont crevez.

LE POT
assorti de belles Fleurs.

FIN.

Le Roticochon, ou Méthode facile pour aprendre les Enfans, se vend aussi séparement si l'on le veut.

20 Jan. 90

www.ingramcontent.com/pod-product-compliance
Ingram Content Group UK Ltd.
Pitfield, Milton Keynes, MK11 3LW, UK
UKHW020948220726
13924UKWH00002B/567

9 782019 220143